Titre de livre

l'auteur _____   Nationalité _____

Genre _____   Année _____   Pages _____

Citation	Numéro de page

Personnages

Résumé de l'intrigue

Notes

Évaluation ☆ ☆ ☆ ☆ ☆

Titre de livre

l'auteur _____ Nationalité _____

Genre _____ Année _____ Pages _____

Citation	Numéro de page

Personnages

Résumé de l'intrigue

Notes

Évaluation ☆ ☆ ☆ ☆ ☆

Titre de livre

l'auteur _____ Nationalité _____

Genre _____ Année _____ Pages _____

Citation	Numéro de page

Personnages

Résumé de l'intrigue

Notes

Évaluation ☆ ☆ ☆ ☆ ☆

Titre de livre

l'auteur _____ Nationalité _____

Genre _____ Année _____ Pages _____

Citation	Numéro de page

Personnages

Résumé de l'intrigue

Notes

Évaluation ☆ ☆ ☆ ☆ ☆

Titre de livre

l'auteur _____ Nationalité _____

Genre _____ Année _____ Pages _____

Citation	Numéro de page

Personnages

Résumé de l'intrigue

Notes

Évaluation ☆ ☆ ☆ ☆ ☆

Titre de livre

l'auteur _____   Nationalité _____

Genre _____   Année _____   Pages _____

Citation	Numéro de page

Personnages

Résumé de l'intrigue

Notes

Évaluation   ☆ ☆ ☆ ☆ ☆

Titre de livre

l'auteur _____   Nationalité _____

Genre _____   Année _____   Pages _____

Citation	Numéro de page

Personnages

Résumé de l'intrigue

Notes

Évaluation

Titre de livre _____

l'auteur _____   Nationalité _____

Genre _____   Année _____   Pages _____

Citation	Numéro de page

Personnages

Résumé de l'intrigue

Notes

Évaluation ☆ ☆ ☆ ☆ ☆

Titre de livre

l'auteur _____   Nationalité _____

Genre _____   Année _____   Pages _____

Citation	Numéro de page

Personnages

Résumé de l'intrigue

Notes

Évaluation

Titre de livre

l'auteur _____ Nationalité _____

Genre _____ Année _____ Pages _____

Citation	Numéro de page

Personnages

Résumé de l'intrigue

Notes

Évaluation ☆ ☆ ☆ ☆ ☆

Titre de livre

l'auteur _____ Nationalité _____

Genre _____ Année _____ Pages _____

Citation	Numéro de page

Personnages

Résumé de l'intrigue

Notes

Évaluation ☆ ☆ ☆ ☆ ☆

Titre de livre

l'auteur _____ Nationalité _____

Genre _____ Année _____ Pages _____

Citation	Numéro de page

Personnages

Résumé de l'intrigue

Notes

Évaluation ☆ ☆ ☆ ☆ ☆

Titre de livre _____

l'auteur _____   Nationalité _____

Genre _____   Année _____   Pages _____

Citation	Numéro de page

Personnages

Résumé de l'intrigue

Notes

Évaluation ☆ ☆ ☆ ☆ ☆

Titre de livre

l'auteur _____   Nationalité _____

Genre _____   Année _____   Pages _____

Citation	Numéro de page

Personnages

Résumé de l'intrigue

Notes

Évaluation ☆ ☆ ☆ ☆ ☆

Titre de livre

l'auteur _____ Nationalité _____

Genre _____ Année _____ Pages _____

Citation	Numéro de page

Personnages

Résumé de l'intrigue

Notes

Évaluation ☆ ☆ ☆ ☆ ☆

Titre de livre

l'auteur _____   Nationalité _____

Genre _____   Année _____   Pages _____

Citation	Numéro de page

Personnages

Résumé de l'intrigue

Notes

Évaluation ☆ ☆ ☆ ☆ ☆

Titre de livre

l'auteur _____   Nationalité _____

Genre _____   Année _____   Pages _____

Citation	Numéro de page

Personnages

Résumé de l'intrigue

Notes

Évaluation ☆ ☆ ☆ ☆ ☆

Titre de livre

l'auteur _____ Nationalité _____

Genre _____ Année _____ Pages _____

Citation	Numéro de page

Personnages

Résumé de l'intrigue

Notes

Évaluation ☆ ☆ ☆ ☆ ☆

Titre de livre _____

l'auteur _____   Nationalité _____

Genre _____   Année _____   Pages _____

Citation	Numéro de page

Personnages

Résumé de l'intrigue

Notes

Évaluation ☆ ☆ ☆ ☆ ☆

Titre de livre

l'auteur _____   Nationalité _____

Genre _____   Année _____   Pages _____

Citation	Numéro de page

Personnages

Résumé de l'intrigue

Notes

Évaluation ☆ ☆ ☆ ☆ ☆

Titre de livre

l'auteur _____ Nationalité _____

Genre _____ Année _____ Pages _____

Citation	Numéro de page

Personnages

Résumé de l'intrigue

Notes

Évaluation ☆ ☆ ☆ ☆ ☆

Titre de livre

l'auteur _____   Nationalité _____

Genre _____   Année _____   Pages _____

Citation	Numéro de page

Personnages

Résumé de l'intrigue

Notes

Évaluation ☆ ☆ ☆ ☆ ☆

Titre de livre

l'auteur _____   Nationalité _____

Genre _____   Année _____   Pages _____

Citation	Numéro de page

Personnages

Résumé de l'intrigue

Notes

Évaluation ☆ ☆ ☆ ☆ ☆

Titre de livre

l'auteur _____ Nationalité _____

Genre _____ Année _____ Pages _____

Citation	Numéro de page

Personnages

Résumé de l'intrigue

Notes

Évaluation ☆ ☆ ☆ ☆ ☆

Titre de livre

l'auteur _____   Nationalité _____

Genre _____   Année _____   Pages _____

Citation	Numéro de page

Personnages

Résumé de l'intrigue

Notes

Évaluation

Titre de livre _____

l'auteur _____   Nationalité _____

Genre _____   Année _____   Pages _____

Citation	Numéro de page

Personnages

Résumé de l'intrigue

Notes

Évaluation   ☆ ☆ ☆ ☆ ☆

Titre de livre

l'auteur _____   Nationalité _____

Genre _____   Année _____   Pages _____

Citation	Numéro de page

Personnages

Résumé de l'intrigue

Notes

Évaluation ☆ ☆ ☆ ☆ ☆

Titre de livre

l'auteur   Nationalité

Genre   Année   Pages

Citation	Numéro de page

Personnages

Résumé de l'intrigue

Notes

Évaluation ☆ ☆ ☆ ☆ ☆

Titre de livre

l'auteur _____   Nationalité _____

Genre _____   Année _____   Pages _____

Citation	Numéro de page

Personnages

Résumé de l'intrigue

Notes

Évaluation   ☆ ☆ ☆ ☆ ☆

Titre de livre

l'auteur _____ Nationalité _____

Genre _____ Année _____ Pages _____

Citation	Numéro de page

Personnages

Résumé de l'intrigue

Notes

Évaluation ☆ ☆ ☆ ☆ ☆

Titre de livre _____

l'auteur _____ Nationalité _____

Genre _____ Année _____ Pages _____

Citation	Numéro de page

Personnages

Résumé de l'intrigue

Notes

Évaluation

Titre de livre

l'auteur _____ Nationalité _____

Genre _____ Année _____ Pages _____

Citation	Numéro de page

Personnages

Résumé de l'intrigue

Notes

Évaluation ☆ ☆ ☆ ☆ ☆

Titre de livre

l'auteur _____   Nationalité _____

Genre _____   Année _____   Pages _____

Citation	Numéro de page

Personnages

Résumé de l'intrigue

Notes

Évaluation ☆ ☆ ☆ ☆ ☆

Titre de livre

l'auteur _____ Nationalité _____

Genre _____ Année _____ Pages _____

Citation	Numéro de page

Personnages

Résumé de l'intrigue

Notes

Évaluation ☆ ☆ ☆ ☆ ☆

Titre de livre

l'auteur   Nationalité

Genre   Année   Pages

Citation	Numéro de page

Personnages

Résumé de l'intrigue

Notes

Évaluation ☆ ☆ ☆ ☆ ☆

Titre de livre

l'auteur _____   Nationalité _____

Genre _____   Année _____   Pages _____

Citation	Numéro de page

Personnages

Résumé de l'intrigue

Notes

Évaluation ☆ ☆ ☆ ☆ ☆

Titre de livre _____

l'auteur _____   Nationalité _____

Genre _____   Année _____   Pages _____

Citation	Numéro de page

Personnages

Résumé de l'intrigue

Notes

Évaluation

Titre de livre

l'auteur _____   Nationalité _____

Genre _____   Année _____   Pages _____

Citation	Numéro de page

Personnages

Résumé de l'intrigue

Notes

Évaluation ☆ ☆ ☆ ☆ ☆

Titre de livre

l'auteur _____   Nationalité _____

Genre _____   Année _____   Pages _____

Citation	Numéro de page

Personnages

Résumé de l'intrigue

Notes

Évaluation

Titre de livre _____

l'auteur _____ Nationalité _____

Genre _____ Année _____ Pages _____

Citation	Numéro de page

Personnages

Résumé de l'intrigue

Notes

Évaluation ☆ ☆ ☆ ☆ ☆

Titre de livre

l'auteur _____ Nationalité _____

Genre _____ Année _____ Pages _____

Citation	Numéro de page

Personnages

Résumé de l'intrigue

Notes

Évaluation ☆ ☆ ☆ ☆ ☆

Titre de livre

l'auteur _____   Nationalité _____

Genre _____   Année _____   Pages _____

Citation	Numéro de page

Personnages

Résumé de l'intrigue

Notes

Évaluation ☆ ☆ ☆ ☆ ☆

Titre de livre _____

l'auteur _____ Nationalité _____

Genre _____ Année _____ Pages _____

Citation	Numéro de page

Personnages

Résumé de l'intrigue

Notes

Évaluation ☆ ☆ ☆ ☆ ☆

Titre de livre

l'auteur _____   Nationalité _____

Genre _____   Année _____   Pages _____

Citation	Numéro de page

Personnages

Résumé de l'intrigue

Notes

Évaluation ☆ ☆ ☆ ☆ ☆

Titre de livre

l'auteur _____ Nationalité _____

Genre _____ Année _____ Pages _____

Citation	Numéro de page

Personnages

Résumé de l'intrigue

Notes

Évaluation ☆ ☆ ☆ ☆ ☆

Titre de livre

l'auteur _____ Nationalité _____

Genre _____ Année _____ Pages _____

Citation	Numéro de page

Personnages

Résumé de l'intrigue

Notes

Évaluation ☆ ☆ ☆ ☆ ☆

Titre de livre _____

l'auteur _____   Nationalité _____

Genre _____   Année _____   Pages _____

Citation	Numéro de page

Personnages

Résumé de l'intrigue

Notes

Évaluation ☆ ☆ ☆ ☆ ☆

Titre de livre

l'auteur _____ Nationalité _____

Genre _____ Année _____ Pages _____

Citation	Numéro de page

Personnages

Résumé de l'intrigue

Notes

Évaluation ☆ ☆ ☆ ☆ ☆

Titre de livre

l'auteur _____ Nationalité _____

Genre _____ Année _____ Pages _____

Citation	Numéro de page

Personnages

Résumé de l'intrigue

Notes

Évaluation ☆ ☆ ☆ ☆ ☆

Titre de livre

l'auteur _____   Nationalité _____

Genre _____   Année _____   Pages _____

Citation	Numéro de page

Personnages

Résumé de l'intrigue

Notes

Évaluation   ☆ ☆ ☆ ☆ ☆

Titre de livre _____

l'auteur _____   Nationalité _____

Genre _____   Année _____   Pages _____

Citation	Numéro de page

Personnages

Résumé de l'intrigue

Notes

Évaluation ☆ ☆ ☆ ☆ ☆

Titre de livre

l'auteur _____ Nationalité _____

Genre _____ Année _____ Pages _____

Citation	Numéro de page

Personnages

Résumé de l'intrigue

Notes

Évaluation ☆ ☆ ☆ ☆ ☆

Titre de livre

l'auteur _____   Nationalité _____

Genre _____   Année _____   Pages _____

Citation	Numéro de page

Personnages

Résumé de l'intrigue

Notes

Évaluation ☆ ☆ ☆ ☆ ☆

Titre de livre

l'auteur _____ Nationalité _____

Genre _____ Année _____ Pages _____

Citation	Numéro de page

Personnages

Résumé de l'intrigue

Notes

Évaluation ☆ ☆ ☆ ☆ ☆

Titre de livre

l'auteur _____ Nationalité _____

Genre _____ Année _____ Pages _____

Citation	Numéro de page

Personnages

Résumé de l'intrigue

Notes

Évaluation ☆ ☆ ☆ ☆ ☆

Titre de livre

l'auteur _____   Nationalité _____

Genre _____   Année _____   Pages _____

Citation	Numéro de page

Personnages

Résumé de l'intrigue

Notes

Évaluation ☆ ☆ ☆ ☆ ☆

Titre de livre _____

l'auteur _____   Nationalité _____

Genre _____   Année _____   Pages _____

Citation	Numéro de page

Personnages

Résumé de l'intrigue

Notes

Évaluation ☆ ☆ ☆ ☆ ☆

Titre de livre

l'auteur _____ Nationalité _____

Genre _____ Année _____ Pages _____

Citation	Numéro de page

Personnages

Résumé de l'intrigue

Notes

Évaluation ☆ ☆ ☆ ☆ ☆

Titre de livre

l'auteur _____   Nationalité _____

Genre _____   Année _____   Pages _____

Citation	Numéro de page

Personnages

Résumé de l'intrigue

Notes

Évaluation ☆ ☆ ☆ ☆ ☆

Titre de livre

l'auteur _____ Nationalité _____

Genre _____ Année _____ Pages _____

Citation	Numéro de page

Personnages

Résumé de l'intrigue

Notes

Évaluation ☆ ☆ ☆ ☆ ☆

Titre de livre

l'auteur _____   Nationalité _____

Genre _____   Année _____   Pages _____

Citation	Numéro de page

Personnages

Résumé de l'intrigue

Notes

Évaluation

Titre de livre

l'auteur _____ Nationalité _____

Genre _____ Année _____ Pages _____

Citation	Numéro de page

Personnages

Résumé de l'intrigue

Notes

Évaluation ☆ ☆ ☆ ☆ ☆

Titre de livre _____

l'auteur _____ Nationalité _____

Genre _____ Année _____ Pages _____

Citation	Numéro de page

Personnages

Résumé de l'intrigue

Notes

Évaluation ☆ ☆ ☆ ☆ ☆

Titre de livre _____

l'auteur _____   Nationalité _____

Genre _____   Année _____   Pages _____

Citation	Numéro de page

Personnages

Résumé de l'intrigue

Notes

Évaluation ☆ ☆ ☆ ☆ ☆

Titre de livre _____

l'auteur _____ Nationalité _____

Genre _____ Année _____ Pages _____

Citation	Numéro de page

Personnages

Résumé de l'intrigue

Notes

Évaluation

Titre de livre

l'auteur _____ Nationalité _____

Genre _____ Année _____ Pages _____

Citation	Numéro de page

Personnages

Résumé de l'intrigue

Notes

Évaluation ☆ ☆ ☆ ☆ ☆

Titre de livre _____

l'auteur _____   Nationalité _____

Genre _____   Année _____   Pages _____

Citation	Numéro de page

Personnages

Résumé de l'intrigue

Notes

Évaluation ☆ ☆ ☆ ☆ ☆

Titre de livre _____

l'auteur _____ Nationalité _____

Genre _____ Année _____ Pages _____

Citation	Numéro de page

Personnages

Résumé de l'intrigue

Notes

Évaluation

Titre de livre

l'auteur _____   Nationalité _____

Genre _____   Année _____   Pages _____

Citation	Numéro de page

Personnages

Résumé de l'intrigue

Notes

Évaluation ☆ ☆ ☆ ☆ ☆

Titre de livre

l'auteur _____ Nationalité _____

Genre _____ Année _____ Pages _____

Citation	Numéro de page

Personnages

Résumé de l'intrigue

Notes

Évaluation ☆ ☆ ☆ ☆ ☆

Titre de livre _____

l'auteur _____   Nationalité _____

Genre _____   Année _____   Pages _____

Citation	Numéro de page

Personnages

Résumé de l'intrigue

Notes

Évaluation ☆ ☆ ☆ ☆ ☆

Titre de livre

l'auteur _____ Nationalité _____

Genre _____ Année _____ Pages _____

Citation	Numéro de page

Personnages

Résumé de l'intrigue

Notes

Évaluation ☆ ☆ ☆ ☆ ☆

Titre de livre

l'auteur _____ Nationalité _____

Genre _____ Année _____ Pages _____

Citation	Numéro de page

Personnages

Résumé de l'intrigue

Notes

Évaluation ☆ ☆ ☆ ☆ ☆

Titre de livre

l'auteur _____   Nationalité _____

Genre _____   Année _____   Pages _____

Citation	Numéro de page

Personnages

Résumé de l'intrigue

Notes

Évaluation   ☆ ☆ ☆ ☆ ☆

Titre de livre

l'auteur _____   Nationalité _____

Genre _____   Année _____   Pages _____

Citation	Numéro de page

Personnages

Résumé de l'intrigue

Notes

Évaluation ☆ ☆ ☆ ☆ ☆

Titre de livre

l'auteur _____ Nationalité _____

Genre _____ Année _____ Pages _____

Citation	Numéro de page

Personnages

Résumé de l'intrigue

Notes

Évaluation ☆ ☆ ☆ ☆ ☆

Titre de livre _____

l'auteur _____ Nationalité _____

Genre _____ Année _____ Pages _____

Citation	Numéro de page

Personnages

Résumé de l'intrigue

Notes

Évaluation ☆ ☆ ☆ ☆ ☆

Titre de livre _____

l'auteur _____ Nationalité _____

Genre _____ Année _____ Pages _____

Citation	Numéro de page

Personnages

Résumé de l'intrigue

Notes

Évaluation ☆ ☆ ☆ ☆ ☆

Titre de livre _____

l'auteur _____   Nationalité _____

Genre _____   Année _____   Pages _____

Citation	Numéro de page

Personnages

Résumé de l'intrigue

Notes

Évaluation

Titre de livre

l'auteur _____   Nationalité _____

Genre _____   Année _____   Pages _____

Citation	Numéro de page

Personnages

Résumé de l'intrigue

Notes

Évaluation ☆ ☆ ☆ ☆ ☆

Titre de livre

l'auteur _____ Nationalité _____

Genre _____ Année _____ Pages _____

Citation	Numéro de page

Personnages

Résumé de l'intrigue

Notes

Évaluation ☆ ☆ ☆ ☆ ☆

Titre de livre

l'auteur _____ Nationalité _____

Genre _____ Année _____ Pages _____

Citation	Numéro de page

Personnages

Résumé de l'intrigue

Notes

Évaluation ☆ ☆ ☆ ☆ ☆

Titre de livre

l'auteur _____ Nationalité _____

Genre _____ Année _____ Pages _____

Citation	Numéro de page

Personnages

Résumé de l'intrigue

Notes

Évaluation ☆ ☆ ☆ ☆ ☆

Titre de livre _____

l'auteur _____ Nationalité _____

Genre _____ Année _____ Pages _____

Citation	Numéro de page

Personnages

Résumé de l'intrigue

Notes

Évaluation ☆ ☆ ☆ ☆ ☆

Titre de livre _____

l'auteur _____ Nationalité _____

Genre _____ Année _____ Pages _____

Citation	Numéro de page

Personnages

Résumé de l'intrigue

Notes

Évaluation

Titre de livre

l'auteur _____   Nationalité _____

Genre _____   Année _____   Pages _____

Citation	Numéro de page

Personnages

Résumé de l'intrigue

Notes

Évaluation ☆ ☆ ☆ ☆ ☆

Titre de livre

l'auteur _____ Nationalité _____

Genre _____ Année _____ Pages _____

Citation	Numéro de page

Personnages

Résumé de l'intrigue

Notes

Évaluation ☆ ☆ ☆ ☆ ☆

Titre de livre

l'auteur _____   Nationalité _____

Genre _____   Année _____   Pages _____

Citation	Numéro de page

Personnages

Résumé de l'intrigue

Notes

Évaluation ☆ ☆ ☆ ☆ ☆

Titre de livre

l'auteur _____ Nationalité _____

Genre _____ Année _____ Pages _____

Citation	Numéro de page

Personnages

Résumé de l'intrigue

Notes

Évaluation ☆ ☆ ☆ ☆ ☆

Titre de livre

l'auteur _____   Nationalité _____

Genre _____   Année _____   Pages _____

Citation	Numéro de page

Personnages

Résumé de l'intrigue

Notes

Évaluation ☆ ☆ ☆ ☆ ☆

Titre de livre _____

l'auteur _____   Nationalité _____

Genre _____   Année _____   Pages _____

Citation	Numéro de page

Personnages

Résumé de l'intrigue

Notes

Évaluation

Titre de livre

l'auteur _____   Nationalité _____

Genre _____   Année _____   Pages _____

Citation	Numéro de page

Personnages

Résumé de l'intrigue

Notes

Évaluation ☆ ☆ ☆ ☆ ☆

Titre de livre

l'auteur _____   Nationalité _____

Genre _____   Année _____   Pages _____

Citation	Numéro de page

Personnages

Résumé de l'intrigue

Notes

Évaluation ☆ ☆ ☆ ☆ ☆

Titre de livre

l'auteur _____ Nationalité _____

Genre _____ Année _____ Pages _____

Citation	Numéro de page

Personnages

Résumé de l'intrigue

Notes

Évaluation ☆ ☆ ☆ ☆ ☆

Titre de livre

l'auteur _____ Nationalité _____

Genre _____ Année _____ Pages _____

Citation	Numéro de page

Personnages

Résumé de l'intrigue

Notes

Évaluation ☆ ☆ ☆ ☆ ☆

Titre de livre

l'auteur _____   Nationalité _____

Genre _____   Année _____   Pages _____

Citation	Numéro de page

Personnages

Résumé de l'intrigue

Notes

Évaluation ☆ ☆ ☆ ☆ ☆

Titre de livre _____

l'auteur _____ Nationalité _____

Genre _____ Année _____ Pages _____

Citation	Numéro de page

Personnages

Résumé de l'intrigue

Notes

Évaluation

Titre de livre

l'auteur _____   Nationalité _____

Genre _____   Année _____   Pages _____

Citation	Numéro de page

Personnages

Résumé de l'intrigue

Notes

Évaluation ☆ ☆ ☆ ☆ ☆

Titre de livre

l'auteur _____ Nationalité _____

Genre _____ Année _____ Pages _____

Citation	Numéro de page

Personnages

Résumé de l'intrigue

Notes

Évaluation ☆ ☆ ☆ ☆ ☆

www.ingramcontent.com/pod-product-compliance
Lightning Source LLC
Chambersburg PA
CBHW070847070326
40690CB00009B/1739